까닭 없이도 끄떡없이 산다

실천시선 221
까닭 없이도 끄떡없이 산다

2014년 7월 31일 1판 1쇄 찍음
2014년 8월 7일 1판 1쇄 펴냄

지은이 이병승
펴낸이 김남일
편집 이호석, 박성아, 이승한
디자인 김현주
관리·영업 김태일, 박윤혜

펴낸곳 (주)실천문학
등록 10-1221호(1995.10.26)
주소 서울특별시 마포구 월드컵로10길 48 501호(서교동, 동궁빌딩)
전화 322-2161~5
팩스 322-2166
홈페이지 www.silcheon.com

ISBN 978-89-392-2221-2 03810

이 책은 한국문화예술위원회의
차세대예술인력집중지원사업기금을 받아 발간되었습니다.

이 도서의 국립중앙도서관 출판시도서목록(CIP)은 e-CIP홈페이지(http://www.nl.go.kr/ecip)와
국가자료공동목록시스템(http://www.nl.go.kr/kolisnet)에서 이용하실 수 있습니다.
(CIP제어번호:CIP2014021620)

실천시선 221

까닭 없이도 끄떡없이 산다

이병승

실천문학사

차례

제1부

제2부

제3부

제4부

제1부

지하철 환승역

돌도끼 하나씩 들고
환승역 계단으로 몰려가는
사람들의 무리

1498년 프랑스 어느 마을에서 포도를 기르던 농부
내 앞에 앉아 있다

출구 한편엔
2070년 노동용 복제인간의 인권법안 통과에 대해
토론을 벌이는 정장 남자들의 똑같은 얼굴과 가방 구두들

환승역에선 인생도 역사도 바뀌지 않는다
옷만 갈아입은 영원 회귀의
환승역 환각역사(幻覺歷史)

꽃의 기원

애초에 타일 벽에는 못을 박지 않는 법이다
그래도 한번, 타일 벽에 못을 대고 망치로 때리자
허공을 가르며 파편이 튄다
타일은 못이 파고들 틈을 허락지 않고
대신 저항의 살점을 꽃잎처럼 내놓는다
단 한 구멍도 내놓지 않겠다는 고집은
때로 못을 튕겨내거나, 구부러뜨리거나
아예 부러뜨리기도 한다
때리는 자의 주의력을 뭉개버리는 저 집요한 고집
에라, 모르겠다 마구 망치질을 하면
귀청을 때리는 비명을 지르며
꽃잎처럼 허공으로 튀는 꽃, 꽃, 꽃
쩍 갈라져버린 타일 벽의 한 줄기 빗금은 꽃의 줄기다
어쩌면 꽃의 기원은 충격이다
꽃의 양분은 싸움이고 저항이며
꽃의 형식은 파편이다
살다가 생각지도 못한 일을 당했을 때

무언가가 심장을 찌르고 들어올 때
어처구니없이 터져 나오는 헛웃음처럼
혹은 깨문 이빨처럼
딱딱하고 날카로운 꽃잎이 도처에서
순식간에 핀다, 튄다

무비, 마이 라이프

자기 인생을 영화처럼 살고 싶어진 그 남자는 초당 24프레임으로 움직이기로 했지 자연스런 움직임, 분절은 느낄 수 없는 초당 24프레임의 무비 라이프

그날 이후 남자는 초당 24프레임으로 생각하고, 초당 24프레임으로 말을 했지 초당 24프레임으로 키스를 하고 초당 24프레임으로 걸어 다녔어 그러자 초당 24프레임으로 강이 흐르고, 초당 24프레임으로 새들이 날아가고, 초당 24프레임으로 낙엽이 떨어지고, 초당 24프레임으로 아이들이 태어나기 시작했어 급기야는, 초당 24프레임으로 총, 알, 이 굶주린 아이의 배를 관통하고, 초당 24프레임으로 실업자가 증가하고, 초당 24프레임으로 검은 자금이 흘러가고, 초당 24프레임으로 세월이 흘렀어

초당 24프레임의 사이사이에 빠져버린 프레임은 그냥 버렸지 사실보다 영화가 유쾌하니까 이건 현실이 아니라고, 진실이 아니라고, 세상이 이렇게 굴러가선 안 된다고,

중간에 빠져버린 몇 컷을 집어 드는 따위의 일은 잊어버렸어 다만 24프레임이면 충분했지 그의 눈은 그 이상을 봐도 차이를 구별하지 못했으니까

가끔은 중간을 툭툭 끊어 이어 붙여보았지만 왕가위식 홍콩 느와르는 너무 거칠었어 너무 많은 프레임을 이어 붙이면 슬로우 모션, 현실감이 없었지 너무 과장이었지 지루한 집착이었지

이제 그는 초당 1프레임이거나 초당 0프레임이거나 초당 300프레임의 현실 따윈 생각하지 않아 팝콘처럼 고소하게, 조명을 끈 어두운 극장에서처럼 빛나는 한곳만 바라보며 느긋하게 즐기는 거야 초당 24프레임으로 숨을 쉬며, 초당 24프레임으로 뛰는 심장을 느끼며, 가끔 몇 컷은 상처가 나고 먼지가 묻어도 가볍게 넘기며 그는 완벽하게 초당 24프레임의 영화가 되었어 무비, 마이 라이프, 무브, 무브!

야생

구질구질 비오는 새벽 한시
식당에서 내놓은 쓰레기 봉투를 뒤지던 고양이와
눈이 마주쳤다
젖은 털 사이엔 상처가 보이고
새끼를 밴 듯 서럽게 부푼 배
공격이냐, 그냥 갈 거냐를 묻는 노란 눈동자
도망칠 것인지 말 것인지를 가늠하는 몸의 자세
경계의 활처럼 휜 등뼈와
가시처럼 뭉쳐진 젖은 털
한 발로 누른 닭 뼈
순간, 물웅덩이는 아프리카 초원의 늪으로 변하고
누군가를 이기기 위해
밤 새워 일할 작정으로 야식거리를 사들고 가던
내 우산 위에는 배고픈 검은 독수리 몇 마리
앉아 있는 듯 묵직한데
튕기는 빗소리 둥둥둥 북소리로 아득한

도시에 겹쳐진 야생의 한 순간

영웅본색

아마 수십 번 봤을 거다
영, 웅, 본, 색
밑도 끝도 없이 나오는 총알은 나의 반항이었고
총구로 벌집이 된 껌정 바바리는 내 교복이었다
강의실 대신 삼류극장 뒷자리에서 나는 주윤발처럼 죽어갔고
쓰다만 연애편지 속에 그를 묻었다
(그래서 기형도를 팬클럽 회원으로 여긴다)
대여점에서 딸내미 만화영화에 슬쩍 끼워 들고 온
주윤발은 주사파고 레닌이고 유물론이고
쌍권총으로 날려버리자고 했다
예수를 총살하고 지폐로 담뱃불을 붙이는 맛을 아느냐고 유혹했다
수년 후 컴퓨터 하드로 돌아온 주윤발은
여전히 존빨을 날리며 의리와 복수를 외쳤지만
나는 시큰둥했다, 그가 아무리 다리를 절어도
그는 철부지 막장무협활극총질판타지의 애였을 뿐

그러니 정정하자,

내가 본 건 똑같은 영화가 아니었다
영웅본색이 나를 훔쳐 본 거였다
서로가 서로를 갸우뚱하며, 이렇게 살아도 좋으냐고
하지만 뭐 어쩌겠냐고 피식피식 웃다가
소주 한 잔 부딪히고 또 달라질 다음을 기약하며
어정쩡하고 뜨겁게 악수했던 거다
내가 의천도룡기의 도사가 되어 나타난들
낙타를 물어뜯고 사자 등에 올라탄 아이가 되어 나타난들
그는 놀라지 않을 것이다

내압

한 여름 땡볕에 달궈진 옥상 바닥
시원한 물을 뿌려주려고
잠가 둔 수도꼭지를 틀었더니
거침없이 몸을 흔드는 고무호스
긴 잠에서 깨어난 뱀처럼

시뻘건 각혈과 마른기침이 노래로 변하고
늘어졌던 마음의 통로에 생수의 강이 콸콸 흐른다
사방에 뿌려대는 열정의 땀방울들
더 이상 짓눌린 눈물이 아니다
무지개를 띄워라 거침없이 신나는 춤사위

꼼짝 말라고 두 발로 밟아보지만
그럴수록 더욱 딴딴해지는 오기의 몸짓
그 정도 힘으론 날 못 누르지
흐물흐물 늘어진 생은 끝났다는 저 팽창의 힘
자기를 채워 흘러넘치는 나눔의 통로

채워라, 터질 듯이 채워라
내압이 강하면 강할수록 외려 솟구쳐
신명나게 춤추는 고무호스
건너 집 옥상 화단, 벽에 매달린 넝쿨까지 살리고
스스로 뜨거워 목마른 해도 적신다

만화영웅

적과의 싸움은 치열하다
한 방 맞으면 수십 미터를 날아가는 격투만화의 주인공처럼
바다 너머까지 튕겨간 사내들은
거기서 다시 만신창이의 몸을 일으켜 세우고
야금야금 세력을 넓혀갔다
벼랑 끝에 몰린 사내들은 줄줄이 한강과 고층빌딩에서 몸을 날렸으나
처자식의 이름을 주문처럼 외우며
다시 하늘로 솟구쳐 날아올랐고
어깨에서 적출된 날개 깃털 흔적을 발견한 아이들은
그들의 아지트에서 비밀결사조직을 만들어나갔다
마트의 엄마들은 인공 관절과 기계 방광을 달고
수십 개의 팔로 동전을 세며
아이들의 도시락과 신분상승의 증명서를 배급받았다

남의 차를 몰다 적막한 다리 위를
시속 60마일로 뛰던 남자들,
보름달을 등지고 날카롭게 돋아나는 이빨로 서로를 할퀴었다
거대로봇이 쓸어간 자리에 나뒹굴던
비정규군 소형 로봇들은
쓰레기 소각장의 폐기된 부품들과 변신합체 로봇으로 뭉쳐져
한 모금의 물을 얻기 위해 목숨을 건 전투를 벌이기도 했다
내가 당하기 전에 먼저 수십 명의 혈도를 끊고
초절정고수로 발돋움 한 이들도 부지기수였지만
울라 울라 그저 엉덩이춤이나 추는 이들도 제법 많았다
하늘에 박쥐 그림자가 뜨거나
빌딩 사이로 빨간 거미인간이 날아다닌다거나
망토의 사나이들이 하늘 저편에서 번쩍 나타났다 사라졌다는

소문이 간간이 들려왔지만, 그들을 본 사람은 없었고

영생 불사의 약을 구하러 간 이들도 아직 돌아오지 않았다

소유

인간이 통제할 능력과 방법을 알았다면
해와 달, 눈과 구름과 비, 저녁노을과 파도도
소유권 이전 등기를 했으리라

코스닥에는 가을낙엽 주가가 오르락내리락
법정에선 영공권을 넘나드는 구름과 공기의
사용료를 둘러싼 법정 싸움
우리는 저녁노을 관람료 인상을
걱정하게 되리라

종교 예술 매스컴을 통해 이루어지는
마음과 정신의 소유권 이전 등기는
은밀하고 신속하게 진행되므로
주인은 빼앗기고도 모를 수 있으므로
주의를 요함!

점조직의 숲

천변의 벚나무들
처음 맞닿았던 가지는 촉수처럼 서로의 속을 엿보더니
슬슬 깍지를 끼고 오늘은
서로가 서로를 완전히 끌어안았다
언제든 떨어질 수 있는
완전한 교직

- 한 때 우리는 나무가 아니라 그냥 숲의 일부였지요 어떤 나무가 모인 숲인지는 알 바 아니었지요 벚나무는 제 맘대로 달콤한 꽃 피워선 안 되는 거였어요 밤나무도 함부로 냄새를 피워서는 안 되는 거였어요 제 마디가 갑갑한 대나무도 입을 다물어야 했지요 메타세쿼이아더러 키를 낮추라 했죠 넝쿨도 기어선 안 되는 거였고 이끼는 정체를 분명히 해야 했죠 숲이 불타버리기 전까지는 그런데 이제 당신 쓸쓸한가요 홀로 제 각각 자기만의 산에 섰는데 숲이 그리운가요

나무와 나무가 깍지를 끼고
발가락과 발가락이 서로를 간질이며
두 나무숲이 되는 걸 누가 알까
뿌리와 뿌리가 연결되어 세 나무, 네 나무의 숲이 되는 걸
천변의 나무와 공터의 나무와 가로수와 산의 나무가
서로를 껴안으며
점조직의 산이 되어 가는 걸
제 각각의 나무들이 제 취향대로
연결되어 언제든 헤쳐모이는

꽃, 피다

오므렸던 봉오리가 제 몸을 열었다
굵은 암술과 자잘한 수술들
생식기를 다 드러내놓고도
아무렇지도 않은 듯
하얀 얼굴 붉은 실핏줄까지
제 모습 그대로 보여주는,
냄새를 덮거나 위장할 향수도 필요 없는
스스로의 향을 날리며
오래 감추었던 제 색깔
제 성질 다 드러낸다
좁다고 남을 밀치지도 않고
남에게 밀리지도 않는
제 자리에서의
피어남
꽃이 피었다고 하는 건
벌거벗었다는 뜻이다

모든 꽃은 드러내놓고 말한다

단 하나의 집합

밤새 고양이가 운다
앙칼진 목소리 싸움인지 교미인지 알 길 없으나
처연하다, 생명이여
이토록 갈구하는

저 고양이는
먼저 가신 아버지의 손톱, 그리운 누이의 빨간 입술, 사막 노예의 엉겨 붙은 수염, 실패한 혁명가의 불타는 눈동자, 전쟁을 통과한 늙은 어미들의 피와 살, 평생 밭을 갈던 우직한 소의 뼈, 바람과 낙엽과 구름과, 강물, 눈과 비

끝없는 시간의 흐름 속에
단 한번 이루어진 원소들의 집합이여
바람 불면 모양을 바꾸는 구름처럼
솟구쳤다 흩어지는 회오리바람처럼

아주 잠깐 구별된 생이여

새

나의 새는 언제나 그림뿐이어서
가령, 언젠가 보았던 멋진 사진 속
광활한 하늘 한 귀퉁이에
우아하게 떠 있는 작은 새 한 마리여서
그 새가 어떤 새인지는 중요치 않고
쫙 펼친 날개와 부리와 꽁지의 실루엣
하늘을 완전히 장악하고 있는 그 비행의 몸짓이
마치 자신을 우겨 싸는 하늘을
외려 풍경으로 거느린 듯해서
살아있는 새보다 더 현실 같고
내게 힘을 주는 것이어서
관습적인 미사여구가 아니라 진정
오, 아름답고 멋지다 했던 것인데
대낮의 공원이나 밤늦은 유흥가 뒤뚱거리는 비둘기
그닥 아름답지 않은 살아있는 새들을 볼 때마다
어째서 관념이 더 무데뽀로 현실을 끌고 가는지
그러다 느닷없이 뒤통수를 후려치는지

내 지나온 나날들을 되돌아보곤 하는 것이다

아다라시

처음에 표지를 잘못 접어 삐뚤어진 책은 속상하다

모든 것이 새롭고 두렵기만 하던 어린 시절 동네 형들의 입에서 듣던 수상쩍은 말 아다라시, 군발이 시절 총으로 갈겨버리고 싶던 고참들의 입에서 킬킬 새어나오던 말, 아다라시

하필 그 학교를 갔을까 하필 그 서클에 들어갔을까, 연애의 기선 제압, 아이는 어릴 때 버릇을 들여야 한다고? 체험 삶의 현장에 끌려간 연예인을 골탕 먹이는 달인들의 노하우는 첫날, 첫 손을 부르트게 만드는 것,

아다라시는 은밀하다 처녀의 수줍음과 새봄 땅을 뚫고 나오는 섹시함이 묻은 말 밤꽃 향기가 나는 말 하지만 망가진 아다라시는 고개를 뒤로 한 채 과거로 달린다 달리다 넘어진다 몸은 앞으로 가도 마음은 뒤로 간다 아, 다(라)시, 아, 다시 한 번!

처음이라는 말의 지진 같은 울림, 저 멀리 어디선가 밀려오는 쓰나미 같은 전율, 쌔삥이란 말, 신삥이란 말, 새것이라는 말에는 없는 은밀한 전복의 냄새, 이 말은 바다를 건너와도 늘 새롭고, 가버려도 새롭고, 망가져도 새롭다 아다라시, 그가 있는 자리는 언제나 아다라시

표지를 잘못 접어 첫길이 삐뚜름하게 난 책은 그렇게 접어서 나만의 책이 된 것이다

폭설

적벽대전의 불화살이다
하얀 불화살을 맞은 나무와 지붕들
하얗게, 하얗게 불타고 있다

옥상 슬리퍼가 하얀 불길에 타버렸고
의자 다리가 하얀 그을음에 타고 있다

저 아래 골목길에선 빗자루를 든 노인과
넉가래를 든 청년이 휴전 협상을 하며
하얗게 불타는 철조망을 세웠다

고개 길을 낑낑 올라가던 버스는
헛바퀴 돌리며 엎어지고 천진난만한 난민들은
종종 걸음으로 지하철을 향했다

- 부득이하게 지뢰 위에서 춤을 추었고,
옥상에, 골목에 눈웃음치는 하얀 병사들을 만들었고,

적에게도 바보처럼 웃었으며, 내일 일을 걱정하지 않았고,
넘어진 적의 손을 잡았으며, 적과 아의 구분을 허물었고
나와 너의 경계는 하얀 화염에 날려버렸다
이러다 수몰지구의 마을처럼, 지붕까지, 아파트 꼭대기
까지
눈에 잠겨, 저마다 눈 속을 개구리처럼
헤엄쳐 다니는 즐거운 상상을 했고……

이게 다, 저 하얀 불화살 때문이다
내 눈은 오직 즐거움으로만 불타고 있다

낙타거미

중동이나 아프리카의 사막 지대에 사는
낙타거미는
평소엔 낙타 배에 붙어 살을 뜯어먹고 살다가
사람이 자는 동안 마취 독을 찌르고
인육을 뜯어먹기도 하고
시속 40킬로로 괴성을 내지르며 달리는
강아지 크기만 한 거미라고 한다, 는 것은
사실과 전혀 다르다
낙타거미는 독이 전혀 없고 인육을 먹지 않는다
거미줄도 만들지 못하고
빨리 달려야 시속 16킬로 정도
크기는 손바닥만 하다
거미와 같은 종이 아닌 절지동물이며
독이 없어 강한 턱관절로 사냥을 한다

살면서 나는 누군가의 낙타거미였고
누군가를 낙타거미로 만들었지만

강력한 존재는 타인의 증명을 원치 않는다
타인의 시선은 내 존재를 조각하지 못한다

목련이 떨어진 이유

매 순간 조금씩 변하는 햇빛을
꽃잎이 아닌 피부로 느끼고 싶었을 거다
바람의 숨결을 귓불로 느끼고
말랑한 입술로 속삭이고 싶었을 거다
새소리를 귀로 듣고
강물에 몸을 적셔도 보고 싶었을 거다
허공 속을 휘젓고
산 너머 풍경도 보고 싶었을 거다
황홀한 폭설에 묻혀보고도 싶었을 거다

뚝!
절정의 낙하

산산이 부서지는 격렬함으로
불가능한 변형을 꿈꾸는,
죽음을 관통해서라도

제 2 부

억새풀밭에서

한강변 억새풀밭
초록이 초록을 덮으며 우거진다
작년에 말라죽은 화석 같은 누런 억새풀을 에워싸며
초록이 초록을 딛고
초록으로 빛난다

살기 위한 짓밖엔 아무 것도 하지 않는다

그냥, 살고 싶다

는 말이 너무 크다

목숨의 냄새를 맡다

아파트 단지에 아침 해가 뜬다
층층마다 빛을 빨아들이는 유리창, 베란다의 목마른 화분들, 어지러운 꿈을 날려버리고 뛰는 까치머리 아이들
화단엔 떨어진 것들을 이고 머리 내민 잡초들
공원에 조는 노인들

돈 빌려드립니다
신장 사고 팔아요
떼인 돈 받아드립니다
함께 일하실 분 월수 삼백 보장
우르릉 쾅쾅 지하철 바퀴의 흔적
연어 떼처럼 몰려가는 구둣발들

이 도시에,
사람 뼈가 묻히지 않는 콘크리트가 있을까
목숨을 빨아 보지 않은 아스팔트가 있을까
지친 몸을 쓰다듬어보지 않고 흐르는 강 있을까

살아보라고 속삭이는 바람, 분다

꽃들이 짓는 밥, 연기처럼 피어오른 구름들, 흐른다

머나먼 지구

그들이 떠나고 있다
발 디딜 곳 없는 검은 사막을 되돌아
모래알 같은 불멸의 별들 사이로
시간을 거슬러
그토록
황폐했던
견딜 수 없었던
일상의 별
지구로

아버지, 죽음을 통과하는 몸은 없었어요 불멸의 땅, 먼저 간 자들의 나라를 찾아 헤매던 스페이스 노마드는 이제 없어요 섞여서 하나 될 수 없는 색들은 뿔뿔이 흩어졌어요 관계는 어디서나 서럽고 아팠어요 지금 여기를 밟지 않고 점핑할 수 있는 미래는 없었어요 존재하지 않는 이곳에서 먹는 밥은 서글프고 따뜻해요 몸의 기억이 나를 불러요 멀리 있어 아름다웠던 것들을 향해 달렸지만 이제는 오히려 떠

나온 그곳이 멀리 있어 아름다워요

그들이 떠나고 있다
존재하지 않는 이곳에서
밥 한 그릇에 무릎 꿇는 낮은 땅으로

한, 시간

지하철 왕십리 중앙선역 벤치
낯선 여자와 단 둘이
전철을 기다리던
20분

환생이 있고 전생이 있고
인연이 있다면
그녀와 한 풍경으로 보낸
이 시간,

사랑하고 미워하고 아이 낳고
함께 늙어가며 보낸
한 세월 같아

우주라는 시간 속에서

바다 나무

은행나무 옆을 스치다 보았다
나무 둥치를 감아 돌고 있는 넝쿨,
옆으로 휘감으며 치솟아 오른 모습이
겨울 바다의 파도 같다

순간 나는
바다에 뿌리를 내린 은행나무를 생각한다
물살 속으로 쭉쭉 뻗은
뿌리들 사이로
고등어 새우 고래가 헤엄치고
위로 치솟은 가지엔 노란 물고기들이
하늘을 향한 비상을 꿈꾸고

그런 어이없는 상상을 하는데
바보처럼 기분이 좋아진다
세상살이에 눈 밝은 동창들 얘기보다
훨씬 즐겁기만 하는

나이 마흔을 넘은 남자가
혼자 실실 웃으며 걷는 밤길
달도 따라 웃고 있는지
달무리가 졌다

숨소리

태풍이 지나간 아침
부서진 것은 간판만이 아니다
가로수들 뿌리 채 뽑혀 쓰러져 있다
지난 밤 사투의 흔적처럼
철망은 튕겨지고 불룩 솟은 흙무더기
발치된 이빨의 신경 다발처럼
아직도 건드리면 물어뜯을 기세로 꿈틀거리는 뿌리
오직 살아야 한다는 생각밖에 없었으리라
온몸을 날카로운 송곳니로 만들어
대지의 잇몸에 뿌리박고
달려드는 태풍의 목덜미라도 물어뜯었으리라
꺾여 부러진 밑동
아직도 하늘을 향해 날을 세우고 있다
돌아보니 한둘이 아니다
곳곳에 배를 깔고 엎드려
송곳니 세우고 헐떡이는 사자들
거친 숨소리, 도시의 아침을 메운다

사원 앞의 그 여자

흰 눈이 울컥 쏟아지는 투명한 밤
그녀는 쇼윈도의 불빛으로 경배 받고 있는 가방을
몇 시간 째 예배자로 순례하다가
홀린 듯 매장 안으로 빨려 들어갔지
초라한 신발로 매끈한 사원을 더럽힌다는 눈치를 받으며
45도 각도로 내려다보며 가격을 말해줘도
당신이 살 수 있는 물건이 아니라는
점원의 말에 난자당해
세 달치 생활비를 카드로 긁고 나왔어
쇼윈도의 가방을 어깨에 걸친 채
사뿐하고 우아하게 걸어 나온
그녀의 몸이 또각또각 눈 녹듯이 희미해졌고
거리를 둥둥 떠다니는 온갖 기호들의 물결 속으로 빨려
들어갔지
그녀가 자기를 벗어 가방에 담으면
가방이 그녀를 들고 사뿐히 걸어가는
거룩하고 거룩한 사제들의 도시

고양이

대로변 길가 고양이 두 마리가
코를 맞대고 카랑카랑 울고 있다
흘레붙은 개도 아니고 길고양이 두 마리여서
희한하네, 뭘까 구경하고 섰는데
엄청난 집중이다
행인들 걸음 멈추고 키득키득 구시렁거려도 아랑곳 않는다
도둑괭이 재수 없다 돌멩이가 날아와도
그 자리 떠나지 않는다
오직 서로의 눈을 삼키고 숨결을 낚아채며
수염을 세우고 목소리 높인다
저것이 싸움이라면 둘은 죽을 때까지 싸울 것이고
연애라면 서로 한 점으로 스며 농축될 것만 같다
아, 왜소해진 나여
세상의 시선을 온몸으로 빨아 당기는 과녁이 되지 않고서야
어찌 나를 넘어서겠느냐

세상에 눈멀지 않고 어찌 내 보고 싶은 걸 보겠느냐

담쟁이넝쿨

돌격 앞으로!
의심이 먼저 벽을 쓰다듬고
사소한 것들이 먼저 전진한다
껍질은 얼마든지 찢겨주나 포복은 수직으로 상승한다
밀어 올리는 힘은 나와 별개가 아니다
가장 먼저 나였던 힘이 굵어져
가장 늦은 나를 밀어 올린다

돌격 앞으로!
내가 의심했던 벽을 더듬어 발로 걷어찬다
완강함은 습기가 없고 견고함은 생명이 없지
수직과 수평 직각의 연대는
둥금과 너울의 어깨로 덮어버린다
의심을 모두 내 힘으로 만들라
뿌리는 밑에서 벽을 뚫었다

자, 앞으로 돌격!

어떤 소통

폭설이 쌓여 얼어붙더니
두꺼운 얼음장이 되었다

번뜩이는 빙하의 날들 지나자
서로가 서로를 견딜 수 없는 순간이
지진처럼 있었나보다

쩌억- 쩍-

갈라져야만 생기는 틈새로
얼음장 녹아 흐른다

낮고 부드럽게 흐르는 물길
갈라짐이 낳은 통로다

눈의 행로

당신이, 무수히 쏟아지는 이 눈발 중에서
나만을 콕 찍어서
주목해 보아주지 않아도 괜찮아
나는 저들과 다르다고 힘주어 외쳐도
나를 구별해내는 건 쉽지 않을 테니까
당신이 생각하는 눈이란
구름에서 시작되어
땅으로 떨어지는
쏟아지는, 나리는, 녹아 없어지는, 쌓이는, 포근한
물의 황홀한 변형의 한 형태일 뿐이겠지만
나는 때론 발 디딜 곳 없어도 허공을 차고 솟구쳐 올라
춤추듯 원을 그리기도 하고
불가능하다는 수평의 비행이나
몸이 부서지는 좌충우돌의 질주도 해보았어
촘촘한 나뭇가지나 전선의 사이를 날며
나를 구성하는 존재의 방식을 바꾸기도 했지
하지만 나를 그저 눈이라는 이름의 무리로만 보는

당신을 탓하진 않겠어

구름이 왜 나를 떨어냈는지 이유를 모르고

바닥은 왜 나를 알 수 없는 곳으로 부르는지 모르지만

나는 추락의 시간에도 날았고

내 마음의 행로를 몸으로 그렸으며

때로는 바람도 흔들었으니까

날개

왼쪽에서 힘껏 달려와
오른쪽에서 힘껏 달려와

충돌

불꽃의 혀가 날개 돋을 자리를 애무할 거야 검은 연기의 모호함이 너와 나를 섞어 줄 거야 황홀한 비명이 너를 더 알게 해 줄 거야 끈적한 피가 서로에게 스밀 때 부러진 다리가 날개로 진화할 거야 그 현장을 내려다 볼 수 있을 거야 새로운 길이 보일 거야

충돌을 피해 허리 숙인 불면의 밤 격발을 피해 몸을 비튼 비굴의 날 어정쩡하게 덜 부서진 파편의 통증 바로 그 자리에

콰쾅

돋아야 할,

가을 은행나무

강남 테헤란로 은행나무들
금화 같은 잎사귀들 뚝뚝 흘릴 때
빌딩 잡부 할머니들
작대기 들고 나와 은행을 털며
한바탕 웃음도 덤으로 주워 가고

분초를 달리는 샐러리맨들
지독한 냄새에 코를 막아도
노트북 증권 시세, 프레젠테이션도 내려놓고
가을이네, 입에서 단풍 쏟아지게 하는 저 나무

금융 네트워크와 아이티 산업을 연결하는
저 무수한 전봇대에 비하면
하는 일이 딱히 있는 건 아니지만
저 은행나무의 호사는
이 가을, 테헤란로에선 기적 같은 일

나 오직 아름다움으로만 서 있어도 좋겠다
세상의 기준을 바꿔버린 저 노란 은행나무처럼

맞물림

액셀을 밟아도 차가 안 나간다고
당황하던 초보 시절
한참 수선을 피운 후에야 보았다
중립에 놓인 기어를

한 걸음도 나아가지 못하고
경사와 제 몸무게에 미끄러지기도 하는
중립은,
엔진이 심장처럼 펄떡거려도
요지부동의 정적일 뿐

달리는 속도나 방향에 상관없이
움직이고 뛰는 일은 언제나
관계의 톱니바퀴 속으로
나를 정확히 밀어 넣을 때만 가능했다

이를 택하고 저를 버릴 때

이 사람과 맞물리거나 저 상황과 맞물리거나
서로가 서로를 맞물고 하나로 돌아갈 때
거기에만 길이 있었다

그래, 가끔은

바람 세차게 부는 날
창문 너머 아파트 단지 안
이름 모를 나무 한 그루
온몸을 떨고 있다

바람에 악악 소리 질러대며
잎사귀들 다 털어버리고
땅에 박힌 발목 뽑아 훌훌
어딘가로 가고 싶다는 듯

머리 위 전깃줄 휘어감고
어깨에 눌러 앉은 새떼 훠이 훠이
제자리 한평생 침묵 할만큼 했다고
나는 원래 뛰어다니는 나무였다고

아스팔트를 뚫는 기계의 진동처럼
떤다 턴다 떤다 턴다

그래, 미친 짓도 필요하다
가끔은

불독개미

호주의 불독개미는
종종 향기로운 꽃그늘에 몸을 숨겼다가
날아오는 말벌을 낚아채는 사냥을 한다

몸길이 2.5센티의 거구
2미터 밖의 적을 식별하는 예리한 눈
사람도 무력화시키는 맹독의 이빨

먹이보단 사냥 그 자체의 짜릿한 쾌감을
즐길 줄 아는 불독개미

이놈은 개미굴을 나와서도
무리를 짓지 않고 혼자 이동한다
삶도 사냥도 고독한 혼자만의 길이라는 듯

제 3 부

아버지의 수첩

돌아가신 아버지의 수첩에는
이런 시가 적혀 있었다

4월의 어느 날
벤치에 앉아 하루 종일 담배를 피운다
커다란 개 한 마리
흐르는 강
빠리의 어느 하늘 밑
장 꼭도도 그랬을 테지

나도 가끔은 아버지처럼 시를 쓴다
살아가면서 겪는 수치와 모욕들
이런 저런 일들

아버지도 그랬을 테지 하면서

주먹

나무의 손가락 사이로 바람이 지나간다
새가 와서 더듬고 유혹해도
잡으려 하지 않는다
벌레가 꼬물꼬물 기어 다녀도
마음껏 놀다 가라
그저 하늘 향해 쫙 뻗은 손가락 사이로
다 흘려보낸다
참으로 허술한 손이다
맘만 먹으면 잡을 수 있는 것들 다 스쳐 보내고
아무에게나 손 흔들지 않는다
어설프게 남의 등 토닥이지도 않는다
보이는 듯 보이지 않게
제 갈길 향해서만 쫙 뻗은 손가락
뿌리로 움켜쥔 것 하나면 다른 건 필요 없다는
나무의 쫙 벌린 손
아무 것도 잡지 않아 자기를 움켜쥔 손
무서운 주먹이다

나무 약국

어릴 때 다니던 동네 약국
유리창 안을 들여다본다
아버지 심부름 다니며 약을 샀던
그 어여쁜 약사 누나
주름진 얼굴로 앉아 있다
옆에는 딸인 듯한 젊은 약사
다정하게 웃으며 얘기한다
열여덟 살 때 나는
이 약국에서 산 수면제를 먹고 죽으려 했고
아버지는 수면제 없이 저 세상으로 떠났다
세월 흘러 다시 돌아온 옛 동네
여전한 그 약국
인생은 한 번 사는 게 아니라
마디마디 몇 평생을 사는 건지도 모른다
어여쁜 약사 누나는 자기 닮은 딸을 낳았고
나는 또 다른 생을 살고 있다
몇 개의 옹이와 몇 개의 가지를 뻗으며

아주 오래된 나무처럼 그 자리에서
몇 십 년을 보냈을 나이든 약사 누나가
창밖으로 나를 힐끗 본다
나를 알아볼 리 없지만 나는 고개를 돌리고
다시 내 길을 걸어간다

경공술

초등학생 시절 나는
어린 사과나무를 하루에 백 번씩 뛰어넘으면
그 나무가 다 자랄 때쯤
하늘도 나는 경공술을 익히게 될 거라 믿었다

부잣집 높은 담벼락도 한 번에 휘리릭
절벽에서 떨어져도 가볍게 활활
낙엽 한 장 밟고 거친 강을 쏜살같이 건너고
두 셋 정도는 가뿐히 업고 천 리도 달릴 수 있을 거라고

이제 나는 내 몸조차 무거워
질질 끌고 다니는 비대한 중년
하루에 백 번도 더 뛰어넘어야 할
인생의 가시덤불에 둘러싸일 때마다
그 옛날 사과나무를 생각하곤 한다

내가 만약 그때, 매일 백 번씩 뛰어넘기를

그치지 않았다면
어쩌면 지금쯤 하늘을 날고 있을지도 모른다고

길거리 화분

사거리 교차로에 놓인 화분,
매연 뒤집어쓴 채
담배꽁초와 동거 중인 꽃에게 물었다
왜 하필 거기 피었냐고

앞에 쪼그려 앉아
고놈의 의중을 살피는데

만족은 내 안에서 나오지 않느냐며
다시 한 번 방긋 웃는 꽃

허, 이놈 봐라

나도 그런 마음 들 때까지
죽어라 고놈과 마주 앉았다

내가 살던 동네에서

어딘지 힘 빠진 날
어릴 때 살던 동네에 가보니
떡하니 자리 잡은 커다란 아파트

그 자리 어딘가에
엉엉 울며 묻었던 고양이
나무로 깎은 팽이
아이들과 뛰놀다 흘린 웃음
미국과 소련의 전쟁 우주 전쟁 사차원의 세계 온갖 공상과 수다
날 이리로 부른 것들
다 묻혀 있을 터인데

나는 가만히
그것들을 불러본다
들썩들썩 아파트가 기우뚱거린다
우르릉 쾅 아파트를 밀쳐내고

흙 탁탁 털며 걸어나오는
어린 시절의 나여

그때의 나는 이 세상쯤이야 번쩍 들었다 놓는
어마어마한 소년이었다

몸속의 길

대체의학을 하는 친구 집에서
어깨너머로 한 수 배우는데
한 할머니 환자가
- 이짝 어깨가 아픈디 왜 저짝 어깨에 놓는가?
아무리 설명해드려도
할머니는 몸속의 길이 서로 연결되어 있다는 걸
이해하지 못하신다

침을 놓을 때는
통증의 자리 반대편, 환부에서 가장 멀리 떨어진 곳의 혈자리를 찌른다
경락의 시작점과 끝점을 자극해야
막힌 기혈이 뚫리기 때문

먼 발가락 끝을 찔러 코를 뚫듯
지금 아픈 생은 과거를 어루만져야 하고
내일 아프지 않으려면 오늘을 자극해야 한다

멀리 있는 그대를 살펴야 여기 있는 내가 살듯이

몸속의 길은
막힘없이 다 길이서 연결되어야
일어나는 생의 근력

어머니는 걷는다

배운 게 없어서 놀 줄도 모르고
책을 읽거나 영화를 보거나 하는
고급 취미는 남의 나라 얘기인 어머니에게도
한 가지 놀이가 있다면
그건, 걷는 거다

건강을 위해 걷는 줄 알았는데
한 푼이라도 아끼려고 걷는 줄 알았는데
그게 아니다
바람처럼 걸으며 소녀처럼 웃는
어머니의 경쾌한 발걸음
뭐가 그렇게 좋으냐고 물어도
몰라, 그냥 좋으니까 좋은 거지, 라는 대답밖엔

그러고 보니
어머니의 납작 신발 아래에
하얀 뭉게구름이 있고, 초원이 있었다

춤 같은 웃음이

신발 끝에서 터져 나오고 있었다

두부소녀

해 질 녘 집으로 가는 길
하얀 비닐봉지에 따뜻한 두부 한 모 사들고
앞에서 뛰어오는 소녀
고작해야 두부 심부름인데 뭐가 그리 좋은지 웃음이 환하다
바가지 머리에 땡땡이 무늬 시장옷
입가에 허연 버짐까지

저 아이는 어디서 불쑥 튀어나온 걸까
과거로부터 온 듯한 아이

심부름 시켜놓고 밥 짓는 엄마와
된장찌개 한술에 행복해하는 고단한 아빠
소반에 둘러앉은 복고풍 한 식구의 모습이 떠오르자
나는 공연히 마음이 뜨끈해져서
자꾸만 뒤를 돌아보지만

아이는 간데없고

길을 잃다

백 원 주고 빌려 탄 삼천리 자전거
여의도도 가고
봉천동 고개도 넘으며
그때 내가 원한 건
길을 잃어보는 것이었다

생전 보도 못한 새로운 길
결코 돌아올 수 없는 머나먼 모험의 길
하지만 아무리 페달을 밟고
핸들을 돌려도
돌아오는 길은 너무나 선명해서
길을 잃는다는 작전은
늘 실패였다

마음은 길을 잃고 싶어도
머리는 이미 돌아올 길을 계산하고 있었다는 걸
마흔 넘은 이제야 알았다

돌아올 수 없는 길은 가지 않았으므로
진짜 가고 싶었던 길은
영영 잃어버렸다는 것을

싸움의 법칙

초등학교 6학년 때
왕주먹의 고릴라 같은 그 녀석
하지 말래도 뒤에서 자꾸 등을 찔러대기에
참다 참다 책상을 뒤엎으며 시작된 싸움
한 주먹거리도 안 되는 나에게
코피 터지게 얻어맞고도
고릴라는 실실 웃었고
아이들의 환호성이 터졌지만 외려 나는
책상에 엎드려 서럽게 울었다
고릴라는 힘이 없어서 맞은 게 아니라
범생이를 때리면 자기만 혼난다는 것을 알고
일부러 맞아주고 있다는 걸
때리는 중에도 이미 알았기 때문이었다
세상에는 이기고도 지는 싸움과
지고도 이기는 싸움이 있다
살아가면서 그런 때를 만날 때면
그 고릴라가 생각나곤 했다

세발자전거

구부러진 경사로에서
꼬마가 세발자전거를 타고 내려오다
콰당 넘어진다
직진하려는 가속도의 힘과
왼쪽으로 트는 힘 사이의 균형을
아직 조절할 능력이 없는 꼬마

넘어져 엉엉 울던 아이는
다시 세발자전거를 끌고
처음 출발했던 경사로 위쪽으로 간다
앙다문 입으로 앞을 노려보며 쇄에엥 다시 내려온다
또 꽈당 넘어진다

브레이크가 없으니 땅을 디뎌가며
페달을 발로 힘껏 밀다가
아예 다리를 쫙 벌려 발을 떼기도 하고
몸을 왼쪽으로 기울여 무게 중심을 옮기면서

넘어지고 까진 무릎에 빨간 꽃 피우며
아까와는 또 다른 모양으로
끝끝내 타고 또 탄다

이제는 자전거가 너무 작아진
저 거대한 꼬마

까닭 없이도 끄떡없이 산다

어제는 하루 종일
까닭 없이 죽고 싶었다
까닭 없이 세상이 지겨웠고
까닭 없이 오그라들었다

긴 잠을 자고 깬 오늘은
까닭 없이 살고 싶어졌다
아무라도 안아주고 싶은
부드럽게 차오르는 마음

죽겠다고 제초제를 먹고 제 손으로 구급차를 부른 형,
지금은 싱싱한 야채 트럭 몰고 전국을 떠돌고
남편 미워 못 살겠다던 누이는 영국까지 날아가
애 크는 재미로 산다며 가족사진을 보내오고
늙으면 죽어야지 죽어야지 하면서도
고기반찬 없으면 삐지는 할머니

살고자 하는 것들은 대체로
까닭이 없다

내 인생의 액셀러레이터

차를 몰고 달리는데
휘어진 길이 쭉쭉 펴진다
빠르게 달리면 달릴수록
발밑으로 빨려들며
직선으로 쭉쭉 뻗는
굽은 도로

주춤했더라면 알지 못했을
이 뜨거운 무한 가속

때론, 달리다가 날기도 하는

먼지와 날개

선풍기 날개 끝에 낀 먼지
날개바람에 실려 앞으로 뿜어졌어야 할 먼지다
모든 먼지가 다 붙어 있는 건 아닐 테지만
붙을 놈은 끝까지 엉겨 붙어 있다
도끼날 같은 날개가 먼지의 세상이라면
날개에 맞았을 때가 오히려 붙들 기회였을 것이다

옆으로 자라는 나무

오직 낙법만 배우기로 했다

산등성이 정상에서
칼바람 몰려오면 슬쩍 넘어져
바위를 베개 삼아 눕거나
몸을 뱀처럼 구부렸다

입이 틀어 막히면 뿌리로
앞을 맞으면 뒤로 뒤를 맞으면 앞으로
태극권의 고수처럼 흘려보내고
팔이 꺾이면 잎사귀로 탈탈 털어내고
견딜 수 없는 아픔이 쌓이면
껍질에 담아 털어냈다

둘러 싼 모든 게 적이었지만
끝까지 버텼다 상대가 지칠 때까지
이제 그만 하자 할 때까지

만만치 않은 세월을 끌어안고
넘어질 힘만 남아 있다면
얼마든지 넘어져주었다

낙법만 잘 배워도 충분했다

제 4 부

어느 고문기술자의 고백

아주 오래 전에는 이방에서
손톱을 뽑고, 살점을 저미고, 눈알을 뽑거나, 욕조에 처박기도 했지만
요즘은 그러지 않아
단지, 부드럽고 나지막한 목소리로
속삭여주기만 하면 돼
선생님은 직장을 잃을 것이고
선생님의 사생활은 까발려질 것이고
선생님은 차를 빼앗길 것이고, 돈을 빌리러 다녀야 할 것이고, 아이들은 구걸을 해야 할 겁니다
이 정도만 말해줘도 충분해
여기까지 끌고 올 필요도 없고, 내가 나설 필요도 없지
스스로 다 알아서 자기 몸에 복종하니까

대천 앞바다

스물한 살 그 시절
사상학습을 위한 대천 앞바다를 향한 행군
평발의 나로선 무리였던,

이어폰에선 산울림의 노래 소리
하필이면 상여가가 흐르고
혁명을 생각하며
물집에 주저앉으며
무엇이 그리 슬펐을까
내 스물한 살 청춘은 무엇에 이를 악물었던 것일까

바다
대천 앞바다
싸구려 여관방
껌을 씹던 그 여자
화염병도 되지 못하고 독한 술도 되지 못했던 소주병
그리고

눈앞에 펼쳐진 바다 앞에서
모래알보다 작았던 나

그 후로 20여 년
내 앞엔 허락된 것도 없고
금지된 것도 없지만
나는 늘 대천 앞바다를 생각하면서
대찬 앞바다라고 속발음하여 보곤 하는 것이다

레드 제플린이나 듣지

ㅂ이 술 한 병 들고 찾아왔다
이제와 하는 말이지만
그 시절 자기는 안기부 프락치, 솔직히 거기까진 아니고
××경찰서 김 형사의 끄나풀이었다고
내 눈의 상처를 볼 때마다 가끔 미안하다고
혹시, 우리가 그녀를 동시에 사랑한 건 아니었냐고
자기는 그랬었나보다고
주름진 눈으로 히죽 웃었다
나는 대충 짐작했었다고
에라, 술이나 먹자고
네가 주었던 레드 제플린 판이나 듣자고
비는 주룩주룩 내리는데 존 본햄의 드럼은
둥둥 두두둥 쿵쾅
으아아, 으아아 로버트 플랜트의 엉겅퀴 같은 괴성
넝쿨로 줄기를 뻗는데
둘이서 같이 사랑했던 그녀는 어디서 무얼 하고 있을까
그것만이 궁금했던 날

지난 것들은 상처도 꽃도 뭣도 아닌 날

꿈

모처럼 찾아간 모교 캠퍼스 정문
초라하고 그늘진 얼굴로
우두커니 서 있는 S를 보았다

너는 오래 전부터 이 세상 사람이 아닌데
여기서 뭐하냐고 물었더니
수줍게 웃으며 그녀를 기다린다고 했다
손에는 안개꽃을 담은 소주병
안에 든 파란색 물은 뭐냐 물으니
향수라고 했다

- 오늘은 전경도 없고 백골단도 없어서 좋아
진짜 봄 같아

향수가 든 꽃병을 화염병처럼
그녀의 발 앞에 놓으면
최루탄보다 진한 안개꽃 피어나

세상이 이보다 황홀할 수 없을 거라며
하회탈처럼 웃었다

사랑

모든 극단에는
숨은 미래가 있다, 생의 유혹 같은

종신형을 선고 받고 교도소에 수감된 애인을 잊을 수 없었던 안나 치코바는 8톤 트럭을 몰고 교도소 담벼락을 들이박았다 벽에 구멍을 뚫고 처박힌 트럭 안에서 그녀는 즉사 했다 부서진 차 안에는 와인 한 병과 담배 그리고 콘돔이 흩어져 있었다

사랑의 종신형이 이와 같다면
부서져서 가는 것도 한 방법이다

머구리

술집에서 우연히 들은 얘긴데
여의도 증권가에서 대박으로 잘 나가던 한 남자가
어느 날 갑자기 다 집어던지고
제주도 푸른 바다 어디쯤인가로 내려가
머구리가 되었다는 것이다
젊은이들도 힘들어 다 떠나고
이제 고작 할머니들 몇 분 남았다는데
남자 해녀라니!
사고치고 도망을 갔다느니
사랑 잃고 정신이 오락가락 한다느니
설왕설래지만 내 귀는 거기에서 닫혀버리고
심장의 상상은 열리기 시작했다
배와 연결된 호스 하나 물고
깜장 고무 옷 하나로 수압을 견디며
두려움과 노동과 환희 사이를 유영하고 있을 몸
그 몸을 감싸면서도 언제든지 집어먹으려는
깊고 푸른 바다의 무심한 자비

지금, 한 마리 상어가 아니고
멍텅구리처럼 무식하게 용감한 머구리 하나가
새로운 세상을 들었다 놓는다

손

요즘은 아침에 손이 저리다
꿈지럭 꿈지럭 쥐락펴락하다가
피식 웃음이 난다
아이에게 잼잼이를 시키던 날이 떠오른다

뭔가 잡아야 할 것들로
뭔가 놓치지 않으려 한 것들로
살아온 세월
잡은 것도 놓친 것도 없는 지금
잠들어서야 겨우 세상을 놓는 손
다시 보니 참 둥글다

손가락 쭉 펴는 것도 힘든 일
꼭꼭 말아 쥐는 것도 힘든 일

간밤에 잠깐 내려놓았던 세상
저린 손 둥글게 펴고

눈 뜬 먹먹한 아침

외로움은 소란하다

늦은 밤 술집은 온통 마굿간
말들이 붉은 얼굴들 입에서 튀어나와 달린다
탁자와 술병 위를 뛰어다닌다
히히힝 힝 푸드득 푹푹
말들이 달린다 엎치락뒤치락
뒷발로 걷어차인 남자가 가볍게 우당탕 쓰러지고
속눈썹이 긴 여자는 말갈기를 부드럽게 쓰다듬는다
아무도 모르게 말 하나를 타고 둘이 사라지고
말과 말이 머리를 맞대고 으르렁거린다
이 말이 저 말을 걷어차고
저 말이 이 말을 등에 업고
큰 말이 작은 말을 끌고 벽을 타며 천정으로 달린다
어떤 말은 힘이 좋아 열 명도 거뜬히 태우고
어떤 말은 한 명도 태우지 못하고 비실댄다
지친 말은 말끼리 몸을 기대어 마음을 섞고
어떤 말은 돌아갈 곳을 잃고 어떤 말은 거처를 옮겨
누군가의 머릿속, 심장 속으로 들어간다

변하지 않는 풍경

휴일 오후 대형 마트
반바지에 슬리퍼 남자들
연봉과 직급을 뗀 차림으로

쇼핑 카트를 밀며
아내 뒤를 느릿느릿 걷다가
얼음 위의 고등어가 펄쩍 뛰어오르면
가슴에 파도친다, 나도 바다 사나이
내 키를 훌쩍 넘는 파도도 거침없이
곡예하듯 파도타기를 하며
세상을 삼키는

유기농 야채 코너를 지날 때면
시골 산자락 어디 쯤
번지도 없는 오두막에서
구름 덮고 한숨 늘어지게 자고 일어나
막걸리 한 사발 치고도 싶은

마음은 한계가 없어 쭉쭉 더 나가
지중해 어디 쯤 하얀 회벽 굽은 길
가방 하나 메고 내일로 떠돌다
바닷가 가시나 같은 이태리 여인과 한 세월
다 잊은 듯 늙어버리고 싶기도 하는

제기랄, 한 번쯤은 제값 다 치르더라도
다른 저 너머로 가보고도 싶은

雨化

저 비는,
심야 폭주족처럼 내리는 저 비는

깜빡이도 안 켜고 좌회전 우회전
브레이크도 없이
제 맘대로 내리는 저 비는

충돌 충돌 파편 파편 빛나는 파편
무한 경계로 내리는 저 비의 폭주

온 세상이 제 것이지
바닥을 향해
제 몸 박살날 때까지

법당엔 가지도 않고

백련사 뒤편 동백나무 기괴하다
살려고 몸 밖으로 불거진 근육 덩어리들
죽었으면 생기지 않았을 혹들이다

가만히 살펴보면
쭈그려 앉은 늙은 스님인 듯
구석에 몰려 숨은 도깨비인 듯
얼굴 못생겨 쫓겨난 새각시인 듯
아랫도리 꿈틀대는 늙은 총각인 듯
한 그루 한 그루 제 이름 가진
온통 우락부락 서럽고 웃긴 동백

더듬다 더듬다가 돌아오는 길
손이 손으로만 보이는 내 손모가지는
너무 단정해서 초라하다
울퉁불퉁 그냥 살면 될 일이거늘

끝끝내 알 수 없는 일

진흙탕에 자빠진 채
꽃을 움켜잡은 저 꽃

거제도 포로수용소에서 돌아왔을 때 그 남자의 아내는 친구의 부인이 되어 있었다 그녀는 남편이 죽은 줄 알았고 이 모든 게 전쟁 때문이라고 했지만 어쩌면 전쟁과는 무관한 일이었는지도 모른다 훗날 다시 만나 살림을 차렸을 때 그 남자는 때때로 아내를 구타했다 이도 사랑과는 전혀 무관한 일이었는지도 모르지만

꽃은 피었다
심연 속에서

저 꽃

내가 세상을 살아가는 자세

방안에 연기 고이는 게 싫어
화장실 쪽창에 붙어 담배를 피운다
더운 공기의 흐름에 실어 보내기 위해
상들 위로 지린 팔을 치켜들고
까치발로 입안의 연기를 후후 내뿜는
불편하고 부끄러운 자세
힘들다고 창턱 쪽으로 팔을 내리면
외려 찬 공기를 타고 역류해 들어오는

구차하지만 버릴 수 없는 생의 욕망
이제는 가늘고 길게 살고 싶다는 K형
모든 사랑엔 죄가 없다는 B형
새끼들 먹이려고 개구리를 쪼던 까치
모두가 숨어서 피우는 담배 같은,

생의 고약한 냄새를 없애려면
불편한 자세와 약간의 지혜가 필요하다

그래도 흔적은 남겠지만

나는 주인공이다

얼마 전 나는, 내가 어떤 작가가 만든
등장인물이라는 사실을 알아냈다
어떻게 알았는지는 묻지 말아주길, 그냥 그런 거니까
주연은 아니고 조연인데
우울증에 사변적인 글쟁이 기질을 타고난 아웃사이더로
그다지 성공적인 인생은 못되는 캐릭터다
작가는 등장인물에게 고난과 역경 난관을 많이, 세게, 가혹하게 주면 줄수록
이야기가 재미있어진다는 사실을 잘 알고 있는 듯하다
그래서 허구한 날 내 인생엔 to be continue가 붙는 일이 많고
폼나야 할 상황에 구차하고, 비굴하고, 얻어터지는 일이 벌어지곤 한다
하도 피곤하고 창피해서 작가에게 항의를 했지만 늘 무시당하기 일쑤여서
얼마 전부터 나는 작심하고 작가에게 반항을 시작했다
주어진 성격을 바꾸고 고난이 와도 척척 해결하고

내키지 않는 일은 하지 않고
엉뚱한 다른 길로 냅다 달리기도 하고,
결국 당황한 작가가 내게 원하는 게 뭐냐고 물었다
그래서 나는 말해주었다

오늘부터 내가
주인공이다!

나비

배추흰나비 한 마리 난다
이 꽃에서 저 꽃으로

가장 짧은 거리는
직선이겠지만
포물선을 그리며

이리 비틀 저리 비틀
허공에 박치기하며
위로 아래로 옆으로
예각의 헝클어진 길을 따라
바람에 나부끼는 휴지 조각처럼
꿈결처럼

꼭 가야 할 곳도 지나온 곳도 기억조차 없는
매 순간이 길의 완성인 나비

이미 도착했다!

다른 시를 보다

한 선배는 시를 잘 썼다
한 선배는 후배를 잘 챙겼다

밤늦도록 선배의 시 강의를 듣고 있던 내게 다가와 밥은 먹었냐며 라면집으로 데려가 주었던

20년 후,

안부를 묻거나
웃음을 보는 것만으로도
더없이 풍요로워지는 것이어서

시는 마음에 남기를 원한다
사랑처럼

'Da Capo!'의 시 정신

오철수 시인·문학평론가

원고를 읽으며 이병승 시인과의 인연을 떠올렸다. 이십 년 전 '민해문창작단' 시절이니 기억도 희미한 그곳에 막 군 제대를 한 청년이 있었다. 지적이기에는 너무 예민하고 예술적이기에 너무 의지적이었던 아름다운 청년이었다. 걱정 반으로 시작한 공동 작업에서 받았던 인상은 모순되는 듯한 자신의 특징을 엄청난 성실로 특유의 역동성으로 바꾸는 힘이 있었다는 것. 거기에다가 나와는 이상할 정도로 시적 호흡이 잘 맞아 일 속에 묻혀 지냈다.

그랬던 그이가 이제야 첫 시집 원고를 들고 왔으니 늦어도 너무 늦었다. 하지만 시들을 읽어보니 그가 왜 이리도 늦게 새로운 출발점에 섰는지 알 것도 같다. 그의 최대 고민은 현실과 이념의 거리였을지도 모른다.

> 나의 새는 언제나 그림뿐이어서
> 가령, 언젠가 보았던 멋진 사진 속
> 광활한 하늘 한 귀퉁이에

우아하게 떠 있는 작은 새 한 마리여서
그 새가 어떤 새인지는 중요치 않고
쫙 펼친 날개와 부리와 꽁지의 실루엣
하늘을 완전히 장악하고 있는 그 비행의 몸짓이
마치 자신을 우겨 싸는 하늘을
외려 풍경으로 거느린 듯해서
살아있는 새보다 더 현실 같고
내게 힘을 주는 것이어서
관습적인 미사여구가 아니라 진정
오, 아름답고 멋지다 했던 것인데
대낮의 공원이나 밤늦은 유흥가 뒤뚱거리는 비둘기
그닥 아름답지 않은 살아있는 새들을 볼 때마다
어째서 관념이 더 무데뽀로 현실을 끌고 가는지
그러다 느닷없이 뒤통수를 후려치는지
내 지나온 나날들을 되돌아보곤 하는 것이다

_「새」 전문

이 시를 얼핏 보면 시인은 "살아있는 새보다 더 현실 같고/내게 힘을 주는" 사진 속의 새를 이념으로 가지고 있다. 이념의 새는 "하늘을 완전히 장악하고", "외려 풍경으로 거느린" 듯하다. 사진 구도의 정점이다. 하지만 현실의 새는, 예를 들어 "대낮의 공원이나 밤늦은 유흥가 뒤뚱거리는 비둘기/그닥 아름답지 않은 살아있는 새들"이다. 그 차이가 하늘과 땅 사이이다. 그리고 나는 땅에 발을 딛고 살아가니 어쩔 수 없이 "관습적인 미사여구가 아니라 진정/오, 아름답고 멋지다 했던" 그 새를 의심하고 부정할 수밖에 없게 된다. "어째서 관념이 더 무데뽀로 현실을 끌고 가는지"의 믿음과 "그러다 느닷없이 뒤통수를 후려치는지"의 배신, 이것이 "지나온 나날들"의 과정이다. 이십 년 전 내가 시인과 만나고 헤어졌을 때도 그는 이런 되돌아봄을 했을 것이다.

그리고 이후의 삶도 '지적이기에는 너무 예민했고 예술적이기에 너무 의지적이었던' 시인은 이런 현실과 이념의 충돌을 반복하며 지금에 이르렀다.

하지만 이런 관계의 구도가 절대적이고 다른 가능성은 없을 것인가? 혹시 이 구도가 사실이면서도 또한 의심의 여지를 갖고 있는 것은 아닐까? 이런 여지를 찾았기에 시인도 지나온 나날들을 '되돌아본다'고 하지 않고 "되돌아보곤 하는 것이다"고 한 것은 아닐까?

그래서 시를 자세히 살피게 된다.

그때 우선 눈에 띄는 게 "나의 새는 언제나 그림뿐이어서"라는 시구이다. 이 말은 결국 '그림으로의 새'라는 자각을 가지고 있는 것이고, 따라서 그 이념의 완전한 새는 구도의 효과일 수도 있다는 의심을 내포한다. 그래서 구도의 효과가 아닌 상태로 그 새를 말한다면, 가장 유력한 상식적 해석은 기능의 부자유를 극복하고 자기 지배의 정점에 선 새일 것이다. 그래야만 하늘을 장악했다고 할 수 있을 테니 말이다. 물론 그런 새여도 구도의 효과는 그대로 얹힌다. 그렇다면 그것과 대를 이루는 현실의 비둘기도 좀 더 구체적으로 해석될 수밖에 없다. 왜냐하면 그 모습은 자기의 부자유에 굴복한 모습 그 이상도 이하도 아니기 때문이다. 자기 지배의 긴장으로 "하늘을 완전히 장악하고 있는 그 비행의 몸짓"이길 포기한 모습 말이다. 그렇다면 문제의 핵심은 이념과 현실의 절대적 대립이 아니라 오히려 '자기 극복과 자기 지배'라는 삶의 문제가 된다.

시인은 이념의 새와 현실의 새 사이의 갈등, "어째서 관념이 더 무데뽀로 현실을 끌고 가는지/그러다 느닷없이 뒤통수를 후려치는지"의 과정을 통해 문제 틀을 바꾸는 지점으로 걸어온 듯하다.

다음 시에서 이런 문제 틀의 이동이 좀 더 명료하다.

초등학생 시절 나는
어린 사과나무를 하루에 백 번씩 뛰어넘으면
그 나무가 다 자랄 때쯤
하늘도 나는 경공술을 익히게 될 거라 믿었다

부잣집 높은 담벼락도 한 번에 휘리릭
절벽에서 떨어져도 가볍게 활활
낙엽 한 장 밟고 거친 강을 쏜살같이 건너고
두 셋 정도는 가뿐히 업고 천 리도 달릴 수 있을 거라고

이제 나는 내 몸조차 무거워
질질 끌고 다니는 비대한 중년
하루에 백 번도 더 뛰어넘어야 할
인생의 가시덤불에 둘러싸일 때마다
그 옛날 사과나무를 생각하곤 한다

내가 만약 그때, 매일 백 번씩 뛰어넘기를
그치지 않았다면
어쩌면 지금쯤 하늘을 날고 있을지도 모른다고

_「경공술」 전문

갑자기 쓸쓸한 느낌이 확 든다. 우리 모두가 다 이런 유의 경험들이 있을 테니 말이다. 한데 누구도 그런 계획을 이뤘다는 소식을 듣진 못했다. 그래서 다들 한때 그러다가 마는 것이라고 생각할 수 있다. 물론 실현 가능한 꿈은 아니다. 그런데도 여전히 방법이란, 만화책에서 본대로 "어린 사과나무를 하루에 백 번씩 뛰어넘으면/그 나무가 다 자랄 때쯤/하늘도 나는 경공술을 익히게 될 거라" 믿고 실제로 행하는 것밖에는 길이 없다는 생각도 "휘리릭" 든다. 비록 그것이 터무니없는 구상이더라도 구체적으로 행위를 밀고 가려는 계획과 '은근과 끈기'를 갖는 노력이 아니라면 새로운 가능성은 열리지 않을 테니 말이다. 왜? 이유는, 오직 행위의 차이로만 드러나기 때문에. 비록 아이이긴 하지만 그 구체적 실천으로 계획을 점점 현실적으로 만들고 목표도 실행 능력에 맞게 조정했을 것이기 때문에. 물론 그렇게 하지 않아 어떤 차이로 존재할지는 모르지만, 그 자기 극복적 실천이 자기 지배를 높였을 것이라는 점은 분명하다.

그러니 경공술 문제는 이상이나 이념 대 현실의 문제가 아닐 수 있다. 또한 반성도 이상에 대한 반성이 아니라 그것을 이루려는 구체적인 행동에 대한 반성이 될 수밖에 없다. 경험상 이상이야 하룻밤에도 수없이 갈아치울 수 있다. 게다가 우리들은 우리가 할 수 있는 일보다 수백 배는 더 많은 생각들을 하고 산다. 물론 그렇게 초과하는 생각들이 생을 확장시키며 끌어갈 때도 있지만, 대개의 경우 이런 초과는 생을 묘하게 비틀고 비소(卑小)하게 만든다. 이유는, 생각이 몸을 넘어서 몸을 무력하게 하기 때문이다. 그러니 과장이 있을 수 없는 현실에 부딪혀서는 더욱 허망하게 된다.

그때 우리는 꿈, 이상, 이념 등을 비난할 것인가, 아니면 구체적인 행동을 숙고할 것인가?

이 문제에서 이병승 시인은 구체적 행동으로의 자기 극복과 자기 지배 쪽으로, 다시 말해 삶의 문제로 돌아온다. 비록 그 꿈이 "부잣집 높은 담벼락도 한 번에 휘리릭/절벽에서 떨어져도 가볍게 활활/낙엽 한 장 밟고 거친 강을 쏜살같이 건너고/두 셋 정도는 가뿐히 업고 천 리도 달릴 수 있을 거라"는 제한 없는 욕망일지라도 그것을 구체화하는 길은 스스로 배워나가야 한다는 쪽으로 말이다. 그래서 터무니없을지 몰라도 "그 옛날 사과나무를 생각하곤 한다//내가 만약 그때, 매일 백 번씩 뛰어넘기를/그치지 않았다면/어쩌면 지금쯤 하늘을 날고 있을지도 모른다고" 말한다. 결국은 꿈이란 행동의 차이를 추구하는 구체적 실천에서 생겨난다. 허무맹랑한 꿈일지라도 행동의 차이를 추구하는 구체적 실천에서 '내용을 나에게 양식화(樣式化)하는 삶'(자기 극복과 자기 지배)이 가능하다고 생각한다.

이런 자각이 이십 년에 걸친 시에 대한 그의 모색이고, '다시 시작'(da capo)의 지점인 듯하다. 내가 이렇게 주저 없이 말할 수 있는 까닭은, 아무리 나이를 먹어도 "하루에 백 번도 더 뛰어넘어야 할" 생성의 연속으로 삶이 주어짐을 시인 역시 잘 알고 있다고 확신하기 때문이다. 그 근거가 이번 시집의 표제시다.

돌아가신 아버지의 수첩에는
이런 시가 적혀 있었다

4월의 어느 날
벤치에 앉아 하루 종일 담배를 피운다
커다란 개 한 마리
흐르는 강

빠리의 어느 하늘 밑
쟝 꼭도도 그랬을 테지

나도 가끔은 아버지처럼 시를 쓴다
살아가면서 겪는 수치와 모욕들
이런 저런 일들

아버지도 그랬을 테지 하면서

_「아버지의 수첩」 전문

그가 힘들 때 불러내는 말이 "아버지도 그랬을 테지"이다. 그렇게 한마디 하고 제 갈 길을 쭉 가는 것이다. 대체로 이 사회가 우리들을 "대낮의 공원이나 밤늦은 유흥가 뒤뚱거리는 비둘기/그닥 아름답지 않은 살아있는 새들"(「새」)이나 "몸조차 무거워/질질 끌고 다니는 비대한 중년"(「경공술」)으로 묶어 두는 방식이 무엇일까? 또 (그렇게 하면) "선생님은 직장을 잃을 것이고/선생님의 사생활은 까발려질 것이고/선생님은 차를 빼앗길 것이고, 돈을 빌리러 다녀야 할 것이고, 아이들은 구걸을 해야 할 겁니다"(「어느 고문기술자의 고백」)라고 귓속말로 속삭이는 것들이 무엇일까? 그것이 바로 일상화된 "살아가면서 겪는 수치와 모욕들/이런 저런 일들"을 만들어내는 세력들이다. 그들이 나타날 때마다 시인은 그의 아버지가 "빠리의 어느 하늘 밑/쟝 꼭도도 그랬을 테지"라고 했던 순간을 불러낸다. 한마디로 나는 눈치 보지 않고 그냥 내 길을 가겠다는 말일 텐데, 그것이야말로 '넘어서 가는' 것이다. 몰이해를 이해로 바꾸는 노력이 아니라 몰이해에 구멍을 내는 것이다.

이렇게 시인은 "아버지도 그랬을 테지 하면서" 씨익 웃는 그 웃음을 선택한 듯하다. 그렇게 넘어서는 웃음을 자신의 어머니에게서도 새롭게 발견한다. "바람처럼 걸으며 소녀처럼 웃는/어머니의 경쾌한 발걸음/뭐가 그렇게 좋으냐고 물어도/몰라, 그냥 좋으니까 좋은 거지"(「어머니는 걷는다」). 이번 시집에서 이런 넘어섬의 기호로서 웃음은 "무언가가 심장을 찌르고 들어올 때/어처구니없이 터져 나오는 헛웃음처럼/혹은 깨문 이빨처럼/딱딱하고 날카로운 꽃잎이 도처에서/순식간에 핀다, 튄다"(「꽃의 기원」)에서 절정을 이룬다. 그 웃음을 통해 현실을 뚫고 새로운 삶의 머리를 들이미는 것이다.

그렇다면 이쯤에서 '지적이기에는 너무 예민했고 예술적이기에 너무 의지적이었던' 이병승 시인에 대한 첫인상은 새로운 의미가 된다. 왜냐하면 그것은 지적 매몰을 거부하며 삶의 냄새를 맡고자 하는 예민함이고, 예술적 유약함이나 회피를 거부하고 삶에서 자신의 별을 쏘아 올리기 위한 의지가 되기 때문이다. 그렇게 그는 더더욱 이념과 현실의 대립을 역동적 삶으로 일원화시키고자 한다.

그런 과정에서 찾은 '다 카포'의 자리가 다음 시다.

어제는 하루 종일
까닭 없이 죽고 싶었다
까닭 없이 세상이 지겨웠고
까닭 없이 오그라들었다

긴 잠을 자고 깬 오늘은
까닭 없이 살고 싶어졌다
아무라도 안아주고 싶은
부드럽게 차오르는 마음

죽겠다고 제초제를 먹고 제 손으로 구급차를 부른 형,
지금은 싱싱한 야채 트럭 몰고 전국을 떠돌고
남편 미워 못 살겠다던 누이는 영국까지 날아가
애 크는 재미로 산다며 가족사진을 보내오고
늙으면 죽어야지 죽어야지 하면서도
고기반찬 없으면 삐지는 할머니

살고자 하는 것들은 대체로
까닭이 없다

_「까닭 없이도 끄떡없이 산다」 전문

알 수 없는 힘이 살고자 한다. "까닭 없이 죽고" 싶었지만 죽지 않고 "까닭 없이 살고" 싶어지는 본능으로 눈뜬다. 그런 사실을 몰랐던 것은 아니었지만 새삼스러워 지는 것이다. 그 새삼스러움의 결정이 "까닭 없이도 끄떡없이 산다"일 것이다. '까닭'이 살게 하는 것이 아니라 더 근본적인 힘은 '까닭 없음'이다. 그 까닭 없는 어떤 힘이 출렁거리고 있다. 삶과 죽음으로 출렁거리는 것이 아니라 (주의하라!) 삶의 강약으로 출렁거린다. 그래서 "죽겠다고 제초제를 먹고 제 손으로 구급차를" 부르는 것이다. 그렇다면 삶에 대한 근거는 생(生)이고자 하는 힘 그 자체이고, 삶은 그 힘을 극대화하는 행위이고, 이념은 삶이 삶으로 향하는 강약에 관한 어떤 이미지가 된다. 그러니 살아야 하는 까닭을 이념의 형태로 갖는 것은 뭔가 문제가 있다. 가장 현실적인 이념의 형태는 살고자 하는 힘을 극대화하는 자기 표상 던지기일 것이다. 지금의 나에게 더 많은 삶을 줄 수 있는 자기 이미지를 던지고, 자기 몸을 놀려 그것이 되고자 최선을 다하며, 그 능력을 쌓아가며 향유하는 놀이 같은 삶!

그러니 이제 이념의 새와 현실의 새 사이를 오가는 것이 아니라 지금의 삶에서 더 멋진 삶 사이를 오가는 것이다. 그때 필요한 것이 자기 극복의 노력과 자기 지배의 능력이다.

다음 시는 그 단적인 예화일지도 모른다.

구부러진 경사로에서
꼬마가 세발자전거를 타고 내려오다
콰당 넘어진다
직진하려는 가속도의 힘과
왼쪽으로 트는 힘 사이의 균형을
아직 조절할 능력이 없는 꼬마

넘어져 엉엉 울던 아이는
다시 세발자전거를 끌고
처음 출발했던 경사로 위쪽으로 간다
앙다문 입으로 앞을 노려보며 쒜에엥 다시 내려온다
또 꽈당 넘어진다

브레이크가 없으니 땅을 디뎌가며
페달을 발로 힘껏 밀다가
아예 다리를 쫙 벌려 발을 떼기도 하고
몸을 왼쪽으로 기울여 무게 중심을 옮기면서
넘어지고 까진 무릎에 빨간 꽃 피우며
아까와는 또 다른 모양으로
끝끝내 타고 또 탄다

이제는 자전거가 너무 작아진

저 거대한 꼬마

_「세발자전거」 전문

구부러진 경사로에 선 아이, 그는 필생의 과업과 마주하고 있다. 자신에게 저항하고 있는 경사로를 장악해야만 되겠다는 생각을 한다. 그래서 자나 깨나 몇 날 며칠을 그 경사로를 타고 내려가는 자기를 꿈꾸었을 것이다. 가상 운전을 하며 이럴 땐 이렇게 저럴 땐 저렇게 생각하며 준비도 하면서 말이다. 두려움을 느끼며 꽈당 넘어지고 피가 흐르는 다리도 상상해보았을 것이다. 일전에 그렇게 넘어졌던 기억이 시도를 포기하길 종용했을지도 모른다. 하지만 어느새 꼬마의 몸에선 "까닭없이 살고 싶어졌다"에 해당하는 힘이 경사로를 내려가는 자신의 모습을 붙잡았을 것이다. 그 멋지고 기분 좋은 모습! 그리고 그 멋진 꼬마는 주저하는 지금의 자기를 비웃는다. 그것을 상상하는 순간, 자기 모욕의 불쾌함이 스친다. 꼬마는 고개를 세차게 흔들며 '그럴 수는 없어, 꼭 해내고 말테야'라고 다짐한다. 고개를 세차게 흔들수록 그의 의지는 '더 멋진 자기'를 향해 달려간다.

이렇게 멋진 자기를 지금의 자기 앞에 던진다.

그리고 드디어 출발점에 선다.

여기서 우선 한 가지 사항을 짚고 넘어가야 한다. 지금 이 아이가 자전거 타기를 감행하는 것은 '행복'을 위해서일까, 아니면 '더 많은 힘'을 위해서일까? 개인적인 생각이지만 일단 행복을 위해서는 아닐 것이다. 이유는 행복을 위한다면 위험을 자초할 필요가 없기 때문이다. 또 위험을 자초한 뒤 행복을 느끼려고 했다면 그때의 행복은 넘어섰을 때 따라오는 수반 현상이다. 그렇다면 그 아이는 오직 '더 멋진 자기'만을 고려

한 것이다.

출발점에 선 아이는 눈을 똑바로 뜨고 커다랗게 호흡하며 입을 앙다문다. 두려움을 넘어서려면 눈을 똑바로 뜨고 가슴에 큰 숨을 불어 넣고 입을 앙다문다는 것은 누가 가르쳐주지 않아도 "까닭 없이도 끄떡없이 산다"는 그의 신체가 알아서 하는 행동이다.

그리고 출발!

하지만 이 위대한 순간은 꽈당 넘어지는 것으로 끝난다. 그러나 "넘어져 엉엉 울던 아이는/다시 세발자전거를 끌고/처음 출발했던 경사로 위쪽으로 간다/앙다문 입으로 앞을 노려보며 쒜에엥 다시 내려온다/또 꽈당 넘어진다"를 반복한다. 만약 의지가 약한 아이였다면 더 이상의 행위를 중단하고 '내가 왜 이 짓을 하지?'라고 후회했을 것이다. 또 '내가 왜 이 일을 시작했지?'라고 말하며 중단을 위한 천박한 자기 합리화를 했을지도 모른다. 그래서 차라투스트라는 약자의 특징을, 끝까지 가지 못하고 중간에서 길을 잃는다고 했다. 하지만 아이는 반복한다. "넘어지고 까진 무릎에 빨간 꽃 피우며/ 아까와는 또 다른 모양으로/끝끝내 타고 또 탄다".

다시, 무엇을 위해서?

'더 멋진 자기' 혹은 "거대한 꼬마"이고파서.

그것을 통해 아이는 자신의 부자유를 넘는 능력을 체득하게 된다. 머리가 아니라 몸으로! "직진하려는 가속도의 힘과/왼쪽으로 트는 힘 사이의 균형" 조절 능력을, 경사 길에선 "브레이크가 없으니 땅을 디뎌가며/페달을 발로 힘껏 밀다가/아예 다리를 쫙 벌려 발을 떼기도" 하는 브레이크 기능을, "몸을 왼쪽으로 기울여 무게 중심을 옮기면서" 방향 트는 법을 배우는 것이다. 그렇게 경우의 수들을 제 몸에 새겨 넣으며 경사로를 극복하면서 "이제는 자전거가 너무 작아진/저 거대한 꼬마"가

된다. 이 "거대한 꼬마"야말로 차라투스트라가 말했던 "진정으로 나도 기다리는 법을 배웠다. 단지 '나 자신을 기다리는 법'을. 무엇보다도 나는 일어서서 걷고 뛰며 오르고 춤추는 법을 배웠다. 이것이 바로 나의 사상(思想)이다"에서의 '나 자신'에 해당할 것이다. 제 앞에 멋진 자기를 던져두고 그리로 가기 위해 최선을 다하는 자기 극복과 자기 지배로서 '나 자신'을 만나는 삶!

그래서 이병승 시인은 주저 없이 '다 카포!'를 외친다.

이념(혹은 그 비슷한 부류)의 새가 아니라 자기를 쏘아 올린다.

하여 그의 삶과 시라는 문(門)에는 다음과 같은 믿음직한 문구가 걸려 있다.

> 어쩌면 꽃의 기원은 충격이다
> 꽃의 양분은 싸움이고 저항이며
> 꽃의 형식은 파편이다

_「꽃의 기원」 부분

나는 언어유희와 자폐적 서정으로 가득한 우울한 시를 좋아하지 않는다. 전위의 극단으로 소통 불가를 외치는 홀로 고고한 시도 좋아하지 않는다.

밝고 건강한 시, 삶을 사랑하게 하는 긍정의 에너지가 넘치는 시가 좋다. 천진난만한 아이의 마음이 담긴 시, 어둠의 밑바닥을 치고 올라 빛을 향해 솟구치는 시, 불편한 진실을 드러내면서도 끝내 희망을 잃지 않는 시, 사람을 품어주는 따뜻하고 아름다운 시가 좋다.

나에게 시란, 시대를 관통하는 무기이자 생의를 뒤흔드는 것이었으므로.

2014년 여름 작업실에서

이병승